A Jornada do Usuário

Como funciona a mente através de textos e design

Copyright ®

Todos os direitos autorais deste conteúdo são reservados. Nenhuma parte deste texto pode ser reproduzida, armazenada ou transmitida de qualquer forma ou por qualquer meio, eletrônico, mecânico, fotocópia, gravação ou outros, sem a autorização prévia por escrito do detentor dos direitos autorais.

Qualquer uso não autorizado deste conteúdo constitui violação dos direitos autorais e sujeita o infrator a ações legais. Todos os textos, imagens e outros materiais contidos neste conteúdo são propriedade do detentor dos direitos autorais, exceto quando indicado o contrário.

O detentor dos direitos autorais reserva-se o direito de fazer mudanças, correções e atualizações neste conteúdo a qualquer momento e sem aviso prévio. O uso deste conteúdo é estritamente para fins informativos e educacionais, e não deve ser interpretado como aconselhamento jurídico ou profissional.

A mente do usuário desempenha um papel crucial ao experimentar textos e design, e seu funcionamento pode ser analisado por meio de uma perspectiva científica. Vamos explorar alguns aspectos-chave desse processo.

Quando um usuário interage com um texto ou design, ocorrem várias atividades cognitivas em sua mente. No nível perceptivo, os estímulos visuais e textuais são processados pelos sistemas sensoriais, como a visão e a leitura. A mente do usuário interpreta e analisa os elementos visuais, como cores, formas, imagens e tipografia, assim como a estrutura e o conteúdo do texto.

A compreensão do texto envolve a ativação de processos linguísticos, como a decodificação das palavras, a atribuição de significado e a interpretação das sentenças. Os usuários utilizam seu conhecimento prévio, vocabulário e experiências para entender as mensagens transmitidas pelo texto. Eles também avaliam a clareza, a coesão e a coerência do texto, buscando obter um sentido completo e coerente.

Quanto ao design, a mente do usuário processa informações visuais de forma holística, identificando padrões, hierarquias e estruturas. Os princípios de design, como contraste, alinhamento, proximidade e equilíbrio, influenciam a percepção e a organização visual das informações. Os usuários também aplicam esquemas mentais e expectativas baseadas em suas experiências anteriores para interpretar e navegar pelo design.

Além disso, a mente do usuário é influenciada por fatores emocionais e motivacionais ao experimentar textos e design. As emoções desempenham um papel importante na formação de atitudes e na resposta afetiva às experiências. Os usuários podem experimentar sentimentos positivos, como satisfação e prazer, ou sentimentos negativos, como frustração e confusão, dependendo da qualidade e adequação do texto e do design.

Os processos cognitivos e emocionais da mente do usuário são estudados por diversas disciplinas científicas, como a psicologia cognitiva, a psicologia experimental e a neurociência. Esses estudos fornecem insights valiosos sobre como os usuários percebem, compreendem, avaliam e respondem aos textos e designs, permitindo que os profissionais de UX e design tomem decisões informadas e criem experiências mais eficazes e atraentes.

Por fim, você vai ver que a mente do usuário desempenha um papel complexo e multifacetado ao experimentar textos e design. O processamento perceptivo, a compreensão textual, a percepção visual, as emoções e a motivação são alguns dos aspectos envolvidos nesse processo. Compreender esses mecanismos cientificamente ajuda a criar experiências mais impactantes e significativas para os usuários.

Uma breve introdução ao mundo UX

User Experience (UX), ou experiência do usuário, é uma disciplina que busca compreender e aprimorar a interação entre os usuários e um produto, sistema ou serviço.

Essa área de estudo é fundamental para criar experiências satisfatórias, intuitivas e eficientes, levando em consideração as necessidades, desejos e expectativas dos usuários. Neste texto, iremos explorar o conceito de UX, sua importância e origem.

O surgimento do termo "User Experience" remonta à década de 1990, quando o pesquisador Don Norman popularizou o conceito em sua obra "The Design of Everyday Things" ("A Psicologia do Objeto Cotidiano", em tradução livre).

Norman foi uma das figuras pioneiras no campo da ergonomia cognitiva e defendeu a importância de se projetar produtos centrados no usuário.

No entanto, é importante destacar que o conceito de UX não foi inventado por uma única pessoa, mas sim evoluiu a partir de diversos campos interdisciplinares, como a psicologia, a ergonomia, o design de interação e a ciência cognitiva.

A ideia de que a experiência do usuário é essencial para o sucesso de um produto começou a ganhar destaque à medida que a tecnologia se tornava cada vez mais presente no cotidiano das pessoas.

O advento da internet e o crescimento exponencial das aplicações digitais impulsionaram a necessidade de criar interfaces mais amigáveis e acessíveis. Nesse contexto, o UX passou a ser reconhecido como um diferencial competitivo para as empresas, uma vez que a satisfação do usuário e a fidelização se tornaram elementos essenciais para o sucesso de um produto ou serviço.

No início, o foco estava principalmente na usabilidade, ou seja, em garantir que os produtos fossem fáceis de usar e atendessem às necessidades dos usuários.

Com o tempo, o conceito de UX se expandiu para além da usabilidade, passando a considerar também aspectos emocionais, afetivos e estéticos da experiência do usuário.

O campo do UX abrange uma ampla gama de atividades e metodologias. Uma das etapas fundamentais é a pesquisa de usuário, que envolve a coleta de informações sobre as necessidades, desejos, expectativas e comportamentos dos usuários. Essa pesquisa pode ser realizada por meio de entrevistas, questionários, observações ou outros métodos, permitindo que os profissionais de UX compreendam melhor o público-alvo e seus contextos de uso.

Com base nos insights obtidos por meio da pesquisa de usuário, os profissionais de UX desenvolvem personas, que são representações fictícias de usuários com características e necessidades semelhantes.

As personas ajudam a orientar o processo de design, permitindo que os designers se coloquem no lugar dos usuários e tomem decisões embasadas em suas perspectivas.

No processo de UX também é importante a criação de wireframes e protótipos. Os wireframes são esboços ou esquemas visuais que representam a estrutura e o layout de uma interface. Já os protótipos são versões interativas do produto que permitem testar e validar conceitos, funcionalidades e fluxos de interação com os usuários antes do desenvolvimento completo.

A arquitetura de informação é um outro campo que desempenha um papel fundamental no UX.

Ela se concentra na organização, estrutura e navegação das informações em um produto ou sistema. Uma arquitetura de informação bem planejada facilita a localização e a compreensão das informações, tornando a experiência do usuário mais eficiente e satisfatória.

Próximo a ela, temos o design de interface, que é outra área essencial no campo do UX. Envolve a criação visual e interativa dos elementos de uma interface, como botões, menus, ícones e cores. Um bom design de interface busca a harmonia entre estética e funcionalidade, garantindo que a interface seja atraente, intuitiva e fácil de usar.

Além das etapas de pesquisa, prototipação, arquitetura de informação e design de interface, o UX também engloba a avaliação e testes de usabilidade. Essas atividades permitem identificar problemas e oportunidades de melhoria na interação do usuário com o produto. Por meio de testes com usuários reais, é possível obter feedback valioso e realizar ajustes necessários para garantir uma experiência do usuário mais satisfatória.

É importante ressaltar que o UX não se limita apenas a produtos digitais, mas também se aplica a produtos físicos e serviços. Desde a embalagem de um produto até a experiência de atendimento em uma loja física, o UX abrange todas as interações que um usuário tem com uma marca ou organização.

A aplicação do UX traz uma série de benefícios tanto para as empresas quanto para os usuários. Para as empresas, um bom UX pode resultar em maior satisfação do cliente, aumento da fidelização, maior competitividade no mercado e até mesmo redução de custos relacionados a suporte e treinamento. Para os usuários, um UX bem projetado significa facilidade de uso, eficiência, prazer na interação e cumprimento das suas necessidades.

Nos últimos anos, o UX tem se tornado cada vez mais valorizado e integrado nas práticas de desenvolvimento de produtos e serviços. Empresas de diversos setores estão investindo em equipes de UX, reconhecendo sua importância estratégica e impacto nos resultados de negócio.

Enfim, o User Experience (UX) é uma disciplina que visa melhorar a interação entre usuários e produtos, sistemas ou serviços. Surgiu como uma resposta à necessidade de projetar experiências positivas e significativas para os usuários, levando em consideração suas necessidades, desejos e expectativas. Por meio de uma abordagem centrada no usuário, o UX busca criar produtos e serviços que sejam fáceis de usar, eficientes, agradáveis e que atendam às necessidades dos usuários. Com a crescente importância do design e da experiência do usuário, o campo do UX continua a evoluir, impulsionado pela constante inovação tecnológica e pela demanda por produtos e serviços cada vez mais intuitivos e satisfatórios.

Os 5 pilares fundamentais da usabilidade

Imagine que você está organizando um jantar especial para seus amigos.

Para garantir que todos tenham uma experiência agradável, você precisa considerar cinco aspectos fundamentais: a diversidade de gostos e preferências, a eficiência na preparação dos pratos, a capacidade de memorizar as receitas, a prevenção de erros culinários e, é claro, a satisfação dos convidados.

Primeiro, você precisa levar em conta a diversidade de gostos e preferências. Assim como no design de UX, é importante oferecer opções que atendam às diferentes necessidades dos seus convidados, como pratos vegetarianos, sem glúten ou com restrições alimentares específicas. Isso garantirá que todos possam desfrutar do jantar de acordo com suas preferências individuais.

Em seguida, a eficiência na preparação dos pratos é essencial. Você precisa organizar sua cozinha de forma a ter os ingredientes e utensílios necessários ao seu alcance, otimizando o tempo e evitando atrasos na entrega das refeições. Assim como no design de UX, a eficiência é crucial para que os convidados tenham uma experiência fluida e sem demoras desnecessárias.

Outro aspecto importante é a capacidade de memorizar as receitas. Imagine que você precise consultar um livro de receitas a todo momento para lembrar os passos de preparo. Isso poderia causar confusão e desgaste durante o jantar. Da mesma forma, no design de UX, é necessário criar uma experiência que seja memorável para os usuários, para que eles possam interagir com o produto ou serviço sem dificuldades, mesmo após um período de ausência.

Além disso, é crucial prevenir erros culinários. Imagine servir um prato salgado demais ou deixar um ingrediente essencial de fora. Isso pode comprometer a experiência dos seus convidados. No design de UX, também é necessário pensar em como evitar erros que possam frustrar os usuários, seja através de feedback claro e visual, confirmações de ações importantes ou restrições que evitem ações indesejadas.

Por fim, a satisfação dos convidados é o objetivo final. Você quer que eles se sintam satisfeitos, apreciem a comida e saiam do jantar com uma sensação positiva. Da mesma forma, no design de UX, a satisfação do usuário é fundamental. Busca-se criar uma experiência que seja agradável, funcional e que atenda às expectativas dos usuários, para que eles fiquem satisfeitos e tenham uma percepção positiva do produto ou serviço.

Essa analogia com um jantar especial ilustra de forma simplificada os cinco pilares da usabilidade, destacando a importância de considerar a diversidade, eficiência, memorabilidade, prevenção de erros e satisfação do usuário em qualquer projeto de design de UX, mas agora, conheça cada um deles de forma isolada.

Aprendizagem:

A aprendizagem refere-se à facilidade com que os usuários podem aprender a utilizar um produto ou serviço. Um bom design de UX deve permitir que os usuários entendam rapidamente como interagir com o produto, sem a necessidade de instruções complexas. Isso inclui uma interface intuitiva, com elementos de design claros e autoexplicativos, feedback visual e instruções breves quando necessário. Ao priorizar a aprendizagem, os designers de UX buscam minimizar a curva de aprendizado, para que os usuários possam começar a utilizar o produto de forma efetiva e autônoma.

Eficiência:

A eficiência refere-se à rapidez e facilidade com que os usuários podem realizar suas tarefas e atingir seus objetivos ao utilizar um produto ou serviço. Um bom design de UX visa otimizar o fluxo de trabalho e a interação, reduzindo o esforço e o tempo necessários para a realização das tarefas. Isso envolve a simplificação dos processos, a eliminação de etapas desnecessárias, a utilização de atalhos e a automação sempre que possível. Ao priorizar a eficiência, os designers de UX buscam tornar a experiência do usuário mais ágil e produtiva, aumentando a produtividade e minimizando frustrações.

Memorabilidade:

A memorabilidade diz respeito à facilidade com que os usuários podem lembrar-se de como utilizar um produto ou serviço após um período de tempo sem utilizá-lo. Um bom design de UX busca criar uma experiência que seja memorável, para que os usuários possam retornar ao produto depois de um tempo e retomar a interação sem dificuldades. Isso pode ser alcançado através de elementos visuais consistentes, padrões de design reconhecíveis, estrutura de navegação intuitiva e uma linguagem visual coerente. Ao priorizar a memorabilidade, os designers de UX buscam garantir que os usuários possam se sentir confortáveis e confiantes ao retomar a utilização do produto após um intervalo de tempo.

Prevenção de erros:

A prevenção de erros refere-se à capacidade de um design de UX evitar ou minimizar erros cometidos pelos usuários. Um bom design de UX deve ser projetado de forma a reduzir a possibilidade de erros, tornando a interação mais segura e livre de equívocos. Isso pode envolver a utilização de feedback visual claro, avisos preventivos, confirmações de ações importantes e restrições inteligentes. Ao priorizar a prevenção de erros, os designers de UX buscam evitar situações frustrantes e melhorar a confiança do usuário, criando um ambiente em que erros sejam menos prováveis e seus impactos sejam minimizados.

Satisfação do usuário:

A satisfação do usuário é um pilar fundamental do UX, referindo-se à experiência geral e ao sentimento positivo que os usuários têm ao utilizar um produto ou serviço. Um bom design de UX deve levar em consideração as emoções e as necessidades emocionais dos usuários, criando uma experiência agradável e satisfatória. Isso envolve a estética do design, a escolha de cores e elementos visuais atraentes, a personalização das preferências do usuário e a abordagem de interações de forma empática. Ao priorizar a satisfação do usuário, os designers de UX buscam criar uma conexão emocional entre o usuário e o produto, tornando a experiência memorável e positiva.

Cada um desses pilares fundamentais de usabilidade é importante por si só, mas também estão interconectados e influenciam uns aos outros. Por exemplo, um design que prioriza a aprendizagem facilita a eficiência, uma vez que usuários que compreendem rapidamente como utilizar o produto são capazes de realizar suas tarefas de forma mais ágil. Da mesma forma, um design que previne erros contribui para a satisfação do usuário, uma vez que usuários frustrados por erros constantes terão uma experiência negativa e pouco satisfatória.

É importante destacar que esses pilares de usabilidade são orientações gerais e podem variar dependendo do contexto e das características do produto ou serviço em questão. Por exemplo, em um aplicativo de edição de fotos, a eficiência pode ser um fator-chave, permitindo que os usuários editem suas imagens de forma rápida e precisa. Já em um site de notícias, a aprendizagem e a memorabilidade podem ser mais relevantes, pois os usuários devem ser capazes de encontrar e acessar facilmente as informações desejadas em visitas futuras.

Ao criar um design de UX, é essencial considerar esses pilares de usabilidade em conjunto e equilibrá-los de acordo com as necessidades dos usuários e os objetivos do produto ou serviço. Cada um desses pilares desempenha um papel importante na criação de uma experiência do usuário bem-sucedida, que seja agradável, eficiente, livre de erros e memorável.

Os cinco pilares fundamentais de usabilidade do UX - aprendizagem, eficiência, memorabilidade, prevenção de erros e satisfação do usuário - são elementos-chave para criar uma experiência do usuário positiva e significativa.

Esses pilares guiam o processo de design, ajudando os profissionais de UX a projetar produtos e serviços que sejam fáceis de aprender, eficientes de usar, memoráveis, livres de erros e capazes de proporcionar uma experiência satisfatória e agradável para os usuários. Ao priorizar esses pilares, as empresas podem aumentar a satisfação do usuário, a fidelidade à marca e o sucesso de seus produtos ou serviços no mercado.

As 10 Heurísticas de Nielsen

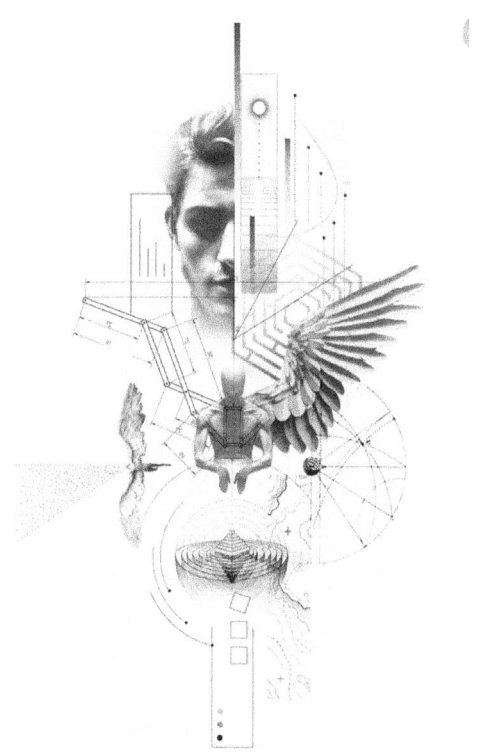

As 10 heurísticas de Nielsen, também conhecidas como "as 10 heurísticas de usabilidade de Nielsen", foram propostas por Jakob Nielsen, renomado especialista em usabilidade, como um conjunto de princípios orientadores para avaliar a usabilidade de interfaces de usuário. Essas heurísticas servem como diretrizes para identificar problemas de usabilidade em um design e orientar as melhorias necessárias. Vamos detalhar cada uma delas a seguir:

Visibilidade do status do sistema: o sistema deve sempre informar claramente aos usuários o que está acontecendo, seja através de feedback visual, mensagens de status ou indicadores de progresso. Os usuários devem ser capazes de entender o que está acontecendo e se o sistema está funcionando corretamente.

Correspondência entre o sistema e o mundo real: o sistema deve utilizar terminologia, conceitos e convenções familiares para os usuários, de forma a tornar a interação mais intuitiva. A linguagem e os elementos do design devem refletir o mundo real, evitando termos técnicos complexos ou ícones confusos.

Controle e liberdade do usuário: os usuários devem ter o controle sobre suas ações e a possibilidade de desfazer ações indesejadas. É importante fornecer opções de saída claramente visíveis, como botões de cancelar ou voltar, para que os usuários possam se sentir mais confiantes e seguros ao explorar o sistema.

Consistência e padrões: os elementos de design devem ser consistentes em todo o sistema, seguindo padrões reconhecíveis pelos usuários. Isso inclui a consistência visual, de linguagem e de interação. A padronização facilita a aprendizagem e a utilização do sistema, uma vez que os usuários podem aplicar conhecimentos prévios em diferentes partes da interface.

Prevenção de erros: o sistema deve ser projetado de forma a evitar erros, seja através de restrições inteligentes, confirmações de ações importantes ou feedback claro e preventivo. Os usuários devem ser guiados para evitar ações que possam resultar em consequências indesejadas ou erros irreversíveis.

Reconhecimento em vez de recordação: o sistema deve minimizar a carga cognitiva dos usuários, apresentando informações importantes de forma clara e fornecendo dicas ou lembretes sempre que necessário. Em vez de exigir que os usuários se lembrem de informações específicas, o design deve permitir o reconhecimento e a recuperação de informações relevantes.

Flexibilidade e eficiência de uso: o sistema deve ser projetado para atender tanto a usuários novatos quanto a usuários experientes. Deve-se fornecer atalhos, funcionalidades avançadas e outras opções que permitam aos usuários realizar tarefas de forma rápida e eficiente, se desejarem.

Estética e design minimalista: o design da interface deve ser esteticamente agradável, com elementos visuais limpos e organizados. O excesso de informações ou elementos desnecessários pode distrair os usuários e dificultar a compreensão. É importante buscar a simplicidade e a clareza visual.

Ajuda e documentação: o sistema deve fornecer ajuda e documentação adequadas para orientar os usuários em caso de dúvidas ou dificuldades. É importante oferecer informações claras, acessíveis e relevantes, que estejam disponíveis quando os usuários precisarem delas. No entanto, o design deve ser intuitivo o suficiente para que os usuários não dependam exclusivamente da documentação para utilizar o sistema.

Mensagens de erro: quando ocorrerem erros, o sistema deve apresentar mensagens de erro claras, precisas e fáceis de entender. As mensagens devem indicar qual foi o problema ocorrido e fornecer orientações sobre como corrigi-lo. É importante evitar mensagens técnicas ou genéricas que não ajudem os usuários a resolverem seus problemas.

Essas heurísticas de Nielsen têm sido amplamente utilizadas como um guia para avaliar a usabilidade de interfaces de usuário em diversos contextos, desde aplicativos móveis até websites e softwares. Ao aplicar essas heurísticas em um processo de design ou avaliação, os profissionais de UX podem identificar problemas comuns e direcionar melhorias específicas para tornar a experiência do usuário mais eficiente, intuitiva e satisfatória.

Vale ressaltar que essas heurísticas não são regras rígidas, mas sim diretrizes gerais que podem ser adaptadas às necessidades específicas de cada projeto.

Elas fornecem uma base sólida para o design centrado no usuário e auxiliam na criação de interfaces que sejam mais fáceis de usar e que atendam às expectativas dos usuários.

O Mindset do UX

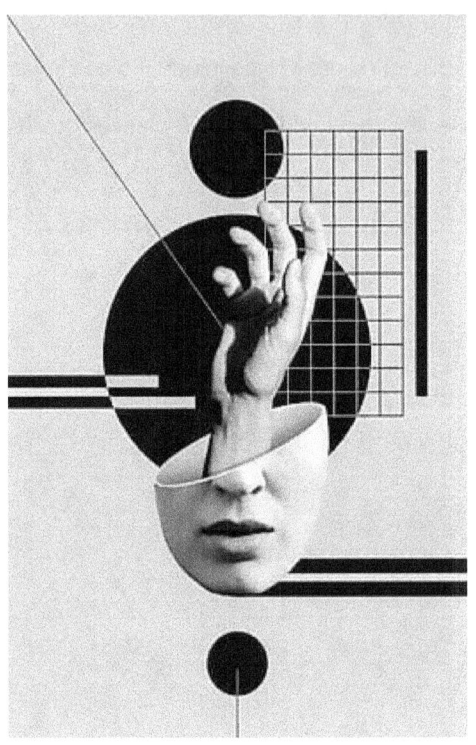

O Mindset de UX, ou mentalidade de UX, é uma abordagem essencial para profissionais que trabalham na área de Experiência do Usuário. Trata-se de uma forma de pensar e agir que coloca o usuário no centro do processo de design e busca constantemente entender suas necessidades, desejos e expectativas.

Em primeiro lugar, o Mindset de UX requer empatia. É fundamental se colocar no lugar do usuário, compreender suas motivações, frustrações e objetivos. Isso envolve ouvir ativamente, realizar pesquisas, entrevistas e testes com usuários reais, de modo a obter insights valiosos para orientar o design. Ao adotar a empatia, os profissionais de UX são capazes de criar soluções que atendam às reais necessidades dos usuários, proporcionando uma experiência significativa e satisfatória.

Além da empatia, o Mindset de UX requer uma mentalidade de aprendizado contínuo. A área de UX está em constante evolução, e é importante estar aberto a novas ideias, conceitos e tecnologias. Os profissionais de UX devem estar dispostos a adquirir novos conhecimentos, atualizar-se sobre as tendências do mercado e aprimorar constantemente suas habilidades. Essa mentalidade de aprendizado permite acompanhar as mudanças no comportamento dos usuários e nas melhores práticas de design, buscando sempre oferecer soluções inovadoras e eficazes.

Outro aspecto importante do Mindset de UX é a colaboração. O trabalho em equipe é essencial para o sucesso de projetos de UX. Os profissionais de UX devem estar dispostos a colaborar com outros membros da equipe, como designers, desenvolvedores, analistas de negócio e stakeholders. Através da colaboração, é possível integrar diferentes perspectivas, compartilhar conhecimentos e criar soluções mais completas e alinhadas com os objetivos do projeto. A troca de ideias e a co-criação ajudam a evitar silos e a garantir que todos os envolvidos estejam alinhados com a visão de proporcionar uma excelente experiência para o usuário.

Flexibilidade também é uma característica importante do Mindset de UX. Os profissionais de UX devem estar abertos a adaptar-se a diferentes situações, a lidar com mudanças de escopo e a experimentar novas abordagens. Nem sempre a primeira solução é a melhor, e é necessário estar disposto a iterar, testar e refinar continuamente o design com base no feedback dos usuários e nos resultados obtidos. A flexibilidade permite que os profissionais de UX sejam ágeis e responsivos, garantindo que as soluções sejam realmente efetivas e relevantes para os usuários.

Por fim, o Mindset de UX exige uma mentalidade orientada para a resolução de problemas. Os profissionais de UX devem ser curiosos, analíticos e persistentes na busca por soluções que atendam aos desafios apresentados. Eles devem ser capazes de identificar problemas, realizar pesquisas, analisar dados, prototipar e testar soluções com o objetivo de resolver as dificuldades enfrentadas pelos usuários. Essa mentalidade de resolução de problemas permite que os profissionais de UX sejam agentes de mudança, impulsionando a melhoria contínua da experiência do usuário.

Em resumo, o Mindset de UX é uma mentalidade que abraça a empatia, o aprendizado contínuo, a colaboração, a flexibilidade e a resolução de problemas. Ao adotar esse mindset, os profissionais de UX se tornam defensores dos usuários, buscando constantemente a excelência na criação de produtos e serviços centrados no usuário.

Essa abordagem não se limita apenas aos profissionais de UX, mas pode ser aplicada por qualquer pessoa envolvida no processo de design, desenvolvimento ou gerenciamento de produtos. O Mindset de UX encoraja uma cultura organizacional voltada para a satisfação do usuário, promovendo a inovação, a qualidade e o sucesso dos produtos.

Arquitetando a informação

A arquitetura da informação é uma disciplina do design de informação que se concentra na organização, estruturação e apresentação das informações de forma clara e compreensível.

Ela envolve a criação de sistemas de organização e de navegação que permitem aos usuários encontrar, compreender e interagir de maneira eficiente com as informações.

Em essência, a arquitetura da informação tem como objetivo principal facilitar o acesso e a compreensão das informações, garantindo uma experiência de usuário satisfatória. Ela busca organizar os conteúdos de forma lógica e coerente, considerando as necessidades e os contextos dos usuários.

Ela abrange diferentes aspectos, como a estruturação de conteúdos, a criação de categorias e classificações, a definição de sistemas de navegação, a criação de mapas de site e a elaboração de taxonomias.

Cada um desses elementos desempenha um papel fundamental na organização e na acessibilidade das informações.

A estruturação de conteúdos envolve a organização das informações de forma hierárquica e sequencial, determinando a relação entre os diferentes elementos e a forma como são apresentados. Isso inclui a definição de seções, subseções, páginas e elementos individuais, como textos, imagens e vídeos.

A criação de categorias e classificações tem como objetivo agrupar os elementos de acordo com suas características e relações. Essa categorização pode ser feita com base em critérios diversos, como tema, tipo de conteúdo, público-alvo, entre outros. Ela auxilia na organização das informações e na criação de sistemas de busca e de navegação mais eficientes.

Os sistemas de navegação são responsáveis por fornecer aos usuários meios de se deslocarem e explorarem as informações de maneira intuitiva. Isso pode incluir menus, links, botões e outros elementos interativos que permitam aos usuários moverem-se entre as diferentes partes do sistema de informação.

Os mapas de site são representações visuais da estrutura do sistema de informação, fornecendo uma visão geral das seções e páginas disponíveis. Eles auxiliam os usuários a entenderem a organização do conteúdo e a encontrarem rapidamente o que estão procurando.

Ela também está relacionada à usabilidade e à acessibilidade das informações, buscando garantir que as informações estejam dispostas de forma clara, legível e compreensível, levando em consideração as características dos usuários e suas necessidades.

Em resumo, a arquitetura da informação é responsável por criar estruturas e sistemas de organização que tornam as informações acessíveis, compreensíveis e utilizáveis pelos usuários. Ela desempenha um papel fundamental no design de interfaces e na criação de experiências de usuário eficientes e satisfatórias. Ao aplicar princípios de arquitetura da informação, os profissionais de UX podem garantir que os usuários encontrem as informações de maneira fácil e rápida, aumentando a usabilidade e a qualidade geral da experiência do usuário.

Conheça o seu usuário

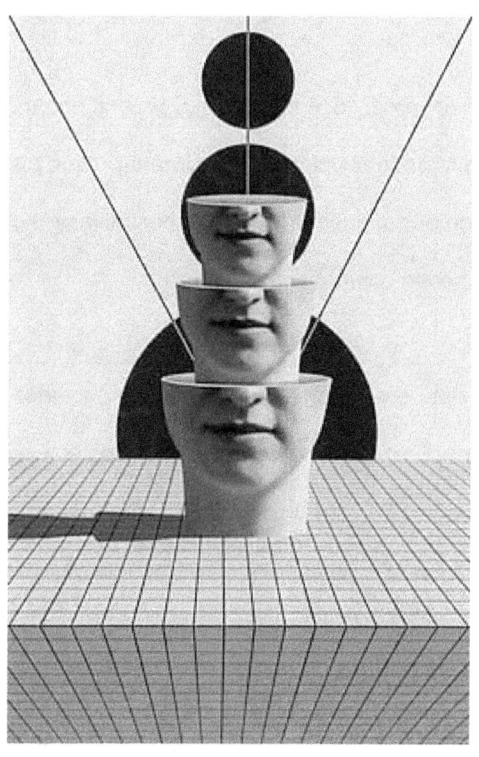

Vamos ser sinceros: você não é o seu próprio usuário. Portanto, não pode simplesmente adivinhar o que ele deseja, como se comporta, quais são suas expectativas ou o que ele realmente pensa sobre o seu produto.

Se você insiste em seguir o que ACHA que é melhor para o seu usuário, corre o risco de cometer grandes erros. Isso significa que você estará desperdiçando tempo (seu e de sua equipe) e dinheiro investindo em ferramentas ou adaptações que podem simplesmente não funcionar.

Agora, para convencê-lo de que é essencial conhecer bem o seu usuário, aqui estão 4 motivos bastante sólidos:

Aprimorar o desenvolvimento do produto: É óbvio, mas não podemos esquecer disso. Você só poderá criar um produto interessante e melhorar a experiência do usuário se realmente o conhecer. Qual é a sua necessidade? Quais são as suas expectativas? Quais são as dores que ele deseja aliviar ao acessar o seu site ou aplicativo? O que ele realmente pensa sobre o seu produto? Quais são as suas dificuldades? Tudo isso é extremamente importante para definir os próximos passos e prioridades para o seu produto.

Melhorar o seu conteúdo: Quando você conhece bem o seu público-alvo, consegue selecionar os melhores argumentos e escolher o momento certo para usá-los. Além disso, descobrirá quais conteúdos são necessários para atrair e convencer os usuários sobre os próximos passos ou como engajá-los no seu produto. Isso vale para todas as etapas, desde o fluxo de vendas até a geração de leads e o uso do produto em si.

Identificar os seus melhores clientes: Já imaginou que pode estar perdendo tempo e dinheiro tentando atrair e converter pessoas que simplesmente não fazem parte do perfil dos seus usuários ideais? Portanto, saber quem eles são, como se comportam e onde estão vai contribuir significativamente para definir o que você deve oferecer no seu produto e de que forma.

Adaptar a sua UX para diferentes perfis: O seu site pode ser acessado por diversos perfis de usuários, cada um com expectativas diferentes. Se você não conhecer cada um deles, corre o risco de criar um produto genérico que tenta atender a todos, mas acaba não atendendo a ninguém de forma eficaz. Portanto, conhecer e utilizar personas pode tornar o seu site ou aplicativo de duas a cinco vezes mais eficiente e fácil de usar.

Em resumo, conhecer o seu público-alvo é essencial para o sucesso do seu produto. Ao entender as necessidades, expectativas e comportamentos dos usuários, você pode direcionar seus esforços de desenvolvimento, aprimorar o conteúdo, identificar os melhores clientes e criar uma experiência do usuário personalizada e satisfatória. Portanto, não subestime a importância de conhecer o seu usuário e deixe que isso guie as suas decisões de design e estratégia.

Agrupando Usuários

Imagine que você tem um produto ou serviço que é acessado por diferentes pessoas, cada uma com características únicas.

Mas, de alguma forma, você percebe que existem semelhanças entre essas pessoas, permitindo que você crie personas para representar os grupos mais significativos de usuários. Como fazer isso?

Primeiro, você precisa agrupar os usuários por características comuns. Pense em faixa etária, sexo, nível de escolaridade, ocupação, o que fazem na vida real, seus objetivos ao acessar o seu produto e até mesmo o nível de experiência do usuário.

Esses são apenas alguns exemplos de critérios que podem ser usados para formar os grupos. Com base nessas informações, você estará pronto para criar as personas.

A criação das personas é simples, mas extremamente valiosa. Cada persona precisa ter alguns elementos essenciais:

Nome da persona: Dê um nome à sua persona para facilitar a identificação e referência durante as discussões sobre o produto. Isso ajudará você a se lembrar de quem ela representa.

Idade: Estabeleça uma idade dentro da faixa etária que melhor representa seus usuários. Isso ajudará a dar um contexto mais realista à persona.

Nível de escolaridade: Descubra qual é o nível de escolaridade predominante entre seus usuários. Isso pode variar desde o ensino fundamental até o superior.

Ocupação: Identifique qual é a ocupação mais comum entre seus usuários. Eles trabalham fora, ocupam cargos de gerência, são donas de casa ou estudantes? Essas informações são importantes para entender o contexto e as necessidades da persona.

Meios de comunicação mais utilizados: Descubra quais são os principais canais de comunicação utilizados pelos seus usuários. Isso pode incluir redes sociais, canais de TV, dispositivos eletrônicos, entre outros.

Objetivos: Entenda quais são os principais objetivos da persona ao utilizar o seu produto ou serviço. Compreender as metas e necessidades individuais ajudará você a criar uma experiência mais direcionada.

Desafios: Identifique as dificuldades e dores que a persona enfrenta. Isso permite que você compreenda as necessidades específicas e encontre soluções adequadas.

Como nossa empresa pode ajudar: Este é o momento de refletir sobre como o seu produto ou serviço pode ajudar a superar os desafios e alcançar os objetivos da persona. É aqui que você demonstra o valor que sua empresa oferece.

Foto: Escolha uma foto que corresponda à descrição da persona criada. Isso ajudará a visualizá-la de maneira mais realista e tornará mais fácil memorizar suas características.

A partir das informações sobre idade, escolaridade, ocupação, meios de comunicação preferidos e objetivos, você poderá adaptar o conteúdo, a linguagem e até mesmo os canais de comunicação utilizados para alcançar cada persona de forma mais efetiva.

Ao compreender os desafios e dores específicas de cada persona, você será capaz de oferecer soluções mais adequadas. Isso possibilitará que sua empresa se posicione como uma parceira na jornada do usuário, auxiliando-o a superar obstáculos e alcançar seus objetivos.

A inclusão de uma foto para cada persona também desempenha um papel importante. Ela ajuda a dar vida à representação fictícia, tornando-a mais real e memorável.

Quando você e sua equipe conseguem visualizar a persona como uma pessoa real, fica mais fácil criar empatia e compreender suas necessidades de maneira mais profunda.

Por fim, as personas se tornam uma ferramenta essencial para a tomada de decisões em relação ao design, funcionalidades e prioridades do seu produto ou serviço. Com base nas características e preferências das personas, você poderá direcionar seus esforços para criar uma experiência do usuário altamente satisfatória, que atenda às expectativas e necessidades de cada grupo.

Taxonomia

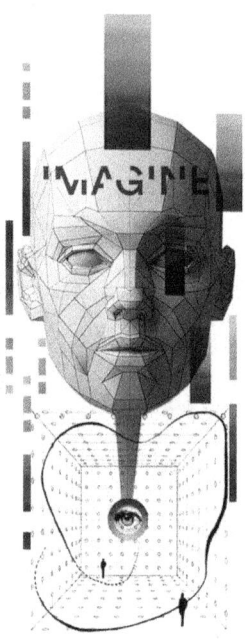

A taxonomia é um campo de estudo que se dedica à classificação e organização de elementos ou objetos de acordo com suas características e relações.

Imagine que você está organizando uma festa surpresa para um amigo. Para garantir que tudo esteja perfeito e que cada detalhe esteja no lugar certo, você decide aplicar a taxonomia.

Primeiro, você cria categorias gerais para facilitar a organização. Digamos que você tenha categorias como decoração, comida, bebida, música e atividades. Essas categorias ajudam a agrupar os elementos relacionados em suas respectivas áreas.

Agora, dentro da categoria de decoração, você cria subcategorias como balões, banners, arranjos de flores e iluminação. Essas subcategorias permitem uma classificação mais precisa dos elementos decorativos que você planeja utilizar.

Na categoria de comida, você pode criar subcategorias como aperitivos, pratos principais, acompanhamentos e sobremesas. Cada subcategoria agrupa os diferentes tipos de alimentos que você planeja servir na festa.

Na categoria de bebida, você pode ter subcategorias como refrigerantes, sucos, bebidas alcoólicas e água. Essas subcategorias ajudam a organizar as opções de bebida disponíveis para os convidados.

Na categoria de música, você pode criar subcategorias como playlists de festa, músicas preferidas do aniversariante e músicas para dançar. Essas subcategorias permitem selecionar e organizar as músicas de acordo com a ocasião.

Por fim, na categoria de atividades, você pode ter subcategorias como jogos, brincadeiras e surpresas. Essas subcategorias ajudam a organizar as diferentes atividades planejadas para entreter os convidados durante a festa.

Ao aplicar a taxonomia nesse contexto, você consegue organizar todos os elementos da festa de forma lógica e coerente. Isso facilita a preparação, garante que nada seja esquecido e ajuda a criar uma experiência agradável para o aniversariante e os convidados.

Assim como na organização da festa, a taxonomia é uma maneira de classificar e organizar elementos de acordo com suas características e relações. Ela nos ajuda a criar uma estrutura lógica e facilita a localização e a compreensão dos elementos dentro de um sistema.

Essa prática é amplamente utilizada em diversas áreas, como biologia, biblioteconomia, ciência da computação e design de informação.

Em termos simples, a taxonomia consiste em agrupar elementos semelhantes em categorias ou classes, de forma a facilitar a compreensão, a busca e a recuperação desses elementos. Ela envolve a criação de um sistema de classificação hierárquico, no qual os elementos são organizados em níveis de generalidade e especificidade.

A taxonomia é baseada em critérios específicos que são utilizados para determinar a qual categoria um elemento pertence. Esses critérios podem ser baseados em características físicas, atributos funcionais, relações entre os elementos ou qualquer outro aspecto relevante para a classificação. O objetivo é criar um sistema consistente e intuitivo, no qual cada elemento seja atribuído à categoria mais apropriada.

Uma das aplicações mais comuns da taxonomia é na organização de informações e conteúdos. Por exemplo, em um site ou em uma biblioteca digital, a taxonomia pode ser utilizada para classificar os artigos, as páginas ou os documentos em categorias e subcategorias específicas. Isso permite que os usuários encontrem facilmente o conteúdo desejado, através da navegação por diferentes níveis de classificação.

Além disso, a taxonomia também desempenha um papel importante na criação de sistemas de busca eficientes. Ao atribuir tags, palavras-chave ou metadados aos elementos, é possível melhorar a precisão e a relevância dos resultados de busca, uma vez que os elementos são classificados de acordo com suas características mais relevantes.

No contexto do design de informação e da experiência do usuário, a taxonomia desempenha um papel fundamental na organização e na estruturação das informações. Ela ajuda a criar interfaces mais intuitivas e facilita a localização e a compreensão das informações pelos usuários. Uma taxonomia bem elaborada proporciona uma experiência de usuário mais fluida e eficiente, permitindo que os usuários encontrem o que procuram de forma rápida e intuitiva.

Em resumo, ao aplicar a taxonomia de forma adequada, é possível criar estruturas claras e intuitivas, facilitando a localização e a compreensão das informações pelos usuários.

5 problemas na arquitetura da informação

A arquitetura da informação desempenha um papel fundamental na criação de experiências digitais intuitivas e eficientes. Ela se concentra na organização, estrutura e navegação das informações dentro de um produto ou sistema. No entanto, mesmo com um planejamento cuidadoso, podem surgir problemas que comprometem a usabilidade e a experiência do usuário. Para identificar esses problemas e garantir uma arquitetura da informação eficaz, aqui estão 5 formas de detectá-los:

Análise de métricas e dados de uso: Uma maneira eficaz de identificar problemas na arquitetura da informação é analisar métricas e dados de uso do produto. Através de ferramentas de análise, é possível identificar padrões de comportamento dos usuários, como taxas de rejeição, tempo gasto em determinadas seções e caminhos de navegação mais comuns. Essas informações podem revelar pontos problemáticos na estrutura de informação, como páginas pouco acessadas ou dificuldades de encontrar determinadas informações.

Testes de usabilidade: Realizar testes de usabilidade com usuários reais é uma forma valiosa de identificar problemas na arquitetura da informação. Durante os testes, os participantes são convidados a realizar tarefas específicas no produto, enquanto suas interações e dificuldades são observadas. Os testes de usabilidade podem revelar problemas de navegação confusa, categorização inadequada de informações, falta de clareza na estrutura do conteúdo, entre outros aspectos que impactam a experiência do usuário.

Avaliação heurística: A avaliação heurística é uma técnica na qual especialistas em UX analisam a interface do produto em busca de problemas de usabilidade. Ao aplicar uma lista de heurísticas pré-definidas, os especialistas podem identificar problemas comuns que afetam a arquitetura da informação, como falta de consistência na organização de informações, falta de feedback ao usuário e falta de correspondência entre o sistema e o mundo real. Essa abordagem oferece uma visão crítica e objetiva da estrutura de informação.

Feedback dos usuários: A opinião e o feedback dos usuários são inestimáveis na detecção de problemas na arquitetura da informação. Por meio de pesquisas, entrevistas ou canais de suporte, é possível coletar informações valiosas sobre a experiência dos usuários com a estrutura de informações existente. Os usuários podem relatar dificuldades na navegação, problemas de localização de informações relevantes ou sugestões para melhorar a organização das informações. Esse feedback direto do usuário pode fornecer insights valiosos para aprimorar a arquitetura da informação.

Avaliação de concorrência e benchmarking: Observar e avaliar a arquitetura da informação de produtos concorrentes ou referências do setor pode revelar insights interessantes. Ao analisar como outros produtos organizam suas informações e fornecem uma experiência de navegação eficiente, é possível identificar possíveis lacunas na própria arquitetura da informação. Essa abordagem de benchmarking pode ajudar a identificar oportunidades de melhoria e a adaptar as melhores práticas utilizadas no mercado.

Ao utilizar essas 5 formas de detectar problemas na arquitetura da informação, você estará capacitado para identificar áreas de melhoria e tomar ações corretivas para aprimorar a experiência do usuário. É importante lembrar que a arquitetura da informação não é um processo estático, mas sim um ciclo contínuo de análise, ajustes e otimização.

Ao analisar métricas e dados de uso, realizar testes de usabilidade, aplicar avaliações heurísticas, coletar feedback dos usuários e avaliar a concorrência, você terá uma visão abrangente sobre a eficácia da sua arquitetura da informação. Essas abordagens complementam-se, fornecendo insights valiosos e identificando possíveis problemas em diferentes aspectos da estrutura de informações.

Lembre-se de que a detecção precoce de problemas na arquitetura da informação é essencial para evitar frustrações e garantir uma experiência do usuário agradável e intuitiva. Ao criar uma estrutura de informações coesa e bem organizada, você estará proporcionando aos usuários a facilidade de encontrar o que procuram, navegar com fluidez e obter as informações relevantes de forma rápida e eficiente.

Portanto, não subestime a importância de detectar e solucionar problemas na arquitetura da informação. Utilize essas 5 formas de análise e esteja constantemente atento às necessidades e feedback dos usuários. Dessa forma, você estará no caminho certo para criar produtos digitais que oferecem uma experiência excepcional, agregando valor e conquistando a satisfação dos usuários.

Teste A/B - As variações do que funciona

O teste A/B é uma estratégia fundamental no campo da UX (User Experience) e do marketing digital. Ele consiste em apresentar duas versões diferentes de uma página, recurso ou elemento para os usuários, e analisar qual delas proporciona melhores resultados em termos de engajamento, conversões e satisfação do usuário.

A principal vantagem do teste A/B é que ele permite tomar decisões baseadas em dados concretos, em vez de suposições ou opiniões subjetivas. Ao realizar esses testes, é possível entender como pequenas alterações na interface ou no conteúdo podem ter um impacto significativo no comportamento dos usuários.

Aqui estão alguns motivos pelos quais o teste A/B é tão importante:

Melhoria contínua: O teste A/B possibilita a constante melhoria da experiência do usuário. Ao realizar testes, você pode identificar o que funciona melhor para o seu público e ajustar sua estratégia com base nos resultados. Isso permite aprimorar continuamente a usabilidade, o design e a eficácia do seu produto ou site.

Otimização de conversões: O objetivo final de qualquer negócio é converter visitantes em clientes ou usuários ativos. O teste A/B pode ajudar a otimizar as taxas de conversão, identificando elementos que incentivam os usuários a realizar ações desejadas, como fazer uma compra, preencher um formulário ou se inscrever em uma newsletter. Ao testar diferentes variações, você pode descobrir o layout, o texto ou os call-to-actions mais eficazes.

Redução de riscos: Antes de implementar uma mudança significativa em um produto ou site, é prudente testar diferentes abordagens para reduzir riscos. O teste A/B permite validar hipóteses e minimizar o impacto negativo de decisões equivocadas. Ao testar pequenas alterações de forma controlada, você evita lançar grandes mudanças sem ter certeza de seu impacto.

Personalização da experiência: Cada usuário é único e possui diferentes preferências e necessidades. O teste A/B pode ajudar a personalizar a experiência do usuário, oferecendo variações adaptadas a diferentes segmentos ou perfis de usuários. Isso pode incluir alterações na linguagem, nas imagens, nas ofertas ou na organização do conteúdo, permitindo que cada usuário tenha uma experiência mais relevante e satisfatória.

Baseado em evidências: Ao tomar decisões com base em testes A/B, você tem dados reais que respaldam suas escolhas. Isso torna mais fácil justificar suas decisões para a equipe ou para os stakeholders, pois você pode mostrar o impacto positivo das mudanças com base em resultados tangíveis.

Em resumo, o teste A/B é uma ferramenta essencial para melhorar a experiência do usuário e otimizar os resultados de um produto ou site. Ele permite tomar decisões fundamentadas, reduzir riscos, personalizar a experiência e buscar constantemente melhoria contínua. Ao implementar o teste A/B em sua estratégia, você estará no caminho certo para proporcionar uma experiência de usuário excepcional e alcançar melhores resultados em seus objetivos de negócios.

Integrando os textos ao design

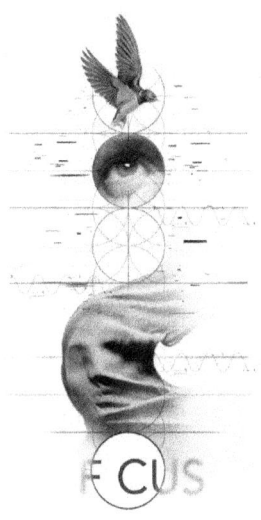

Quando você integra texto e design, cria-se uma combinação adequada de elementos visuais e conteúdo textual que pode transmitir mensagens claras, fornecer informações relevantes e atrair a atenção do usuário.

Vamos explorar algumas estratégias para alcançar essa conexão.

Coerência visual: Os textos e as imagens devem estar alinhados visualmente, seguindo a mesma linguagem de design, estilo e paleta de cores. Isso ajuda a criar uma identidade visual coesa e harmoniosa, transmitindo uma mensagem unificada aos usuários.

Complementaridade de conteúdo: Os textos devem complementar as imagens, oferecendo informações adicionais ou aprofundando o significado visual. Por exemplo, em um site de viagens, uma imagem de um destino exótico pode ser acompanhada por um texto que descreve as atrações locais, dicas de viagem e informações úteis.

Hierarquia visual: A hierarquia visual adequada permite que os usuários identifiquem facilmente a relação entre textos e imagens. O uso de tamanhos de fonte, cores e posicionamento estratégico pode ajudar a destacar informações importantes e direcionar o olhar do usuário para os elementos visuais relevantes.

Contextualização: É importante contextualizar as imagens por meio de textos descritivos ou legendas. Isso ajuda a transmitir o propósito e o significado da imagem, evitando ambiguidade e garantindo que os usuários compreendam a mensagem pretendida.

Consistência de estilo: Mantenha um estilo consistente ao longo do design, tanto nos textos quanto nas imagens. Isso inclui o uso de fontes coerentes, estilos de escrita consistentes e imagens que se encaixem no tema geral. A consistência ajuda a criar uma experiência unificada e confiável.

Interação: Explore formas de interação entre textos e imagens para envolver os usuários. Por exemplo, ao passar o mouse sobre uma imagem, pode ser exibida uma descrição ou informações adicionais relacionadas. Isso cria uma experiência interativa e aumenta o engajamento do usuário.

Clareza e simplicidade: Tanto os textos quanto as imagens devem ser claros e concisos, evitando informações excessivas ou complexas. Mantenha a mensagem direta e objetiva, garantindo que os usuários possam absorver facilmente o conteúdo visual e textual.

Entender as necessidades e expectativas do usuário é fundamental para criar uma combinação eficaz e impactante. Ao equilibrar os elementos visuais e o conteúdo textual, você pode fornecer uma experiência coesa e significativa, aumentando a usabilidade e a satisfação do usuário.

Intimidade com o mundo real

No mundo digital em constante evolução, é cada vez mais importante criar experiências que tragam uma sensação de intimidade com o mundo real aos usuários.

Embora a internet e a tecnologia tenha nos proporcionado acesso a uma infinidade de recursos e possibilidades, muitas vezes podem parecer impessoais e desconectados da nossa realidade cotidiana.

No entanto, ao apresentar ao usuário essa intimidade com o mundo real, é possível criar experiências mais autênticas, envolventes e memoráveis.

Uma maneira de alcançar essa intimidade é por meio do design e da interação.

Ao projetar interfaces que se assemelham aos objetos físicos que os usuários estão familiarizados, como botões que se parecem com botões físicos, menus que imitam os de um restaurante ou elementos visuais que remetem a objetos do mundo real, podemos criar uma sensação de familiaridade e conforto.

Isso ajuda os usuários a se sentirem mais à vontade e facilita a compreensão e a interação com o sistema.

Outra abordagem é utilizar elementos do mundo real para fornecer contexto e significado.

Por exemplo, ao apresentar informações ou instruções, podemos utilizar metáforas ou analogias relacionadas ao mundo real para tornar o conteúdo mais compreensível e relevante.

Isso permite que os usuários se conectem com a informação de maneira mais significativa, relacionando-a a experiências ou conceitos que já conhecem.

Além disso, podemos explorar o poder da personalização para criar uma sensação de intimidade com o mundo real.

Ao permitir que os usuários personalizem suas configurações, preferências e até mesmo a aparência da interface, estamos oferecendo a oportunidade de criar um ambiente que reflita seus gostos e preferências individuais.

Isso cria uma sensação de pertencimento e identificação, aproximando a experiência digital da realidade pessoal de cada usuário.

Considere a experiência sensorial na criação de uma intimidade com o mundo real.

A incorporação de elementos visuais, sonoros e táteis pode despertar emoções e memórias associadas a experiências reais.

Sons familiares, animações realistas e até mesmo a sensação tátil ao interagir com a interface podem contribuir para uma experiência mais imersiva e envolvente.

Ao apresentar ao usuário uma intimidade com o mundo real, estamos criando uma conexão mais profunda e autêntica. Isso resulta em uma experiência do usuário mais envolvente, memorável e satisfatória.

Ao considerar o contexto e as expectativas do usuário, utilizando elementos de design, metáforas, personalização e experiência sensorial, podemos criar interfaces digitais que transcendem a tecnologia e se tornam verdadeiras extensões do mundo real, enriquecendo a vida dos usuários.

Agile UX

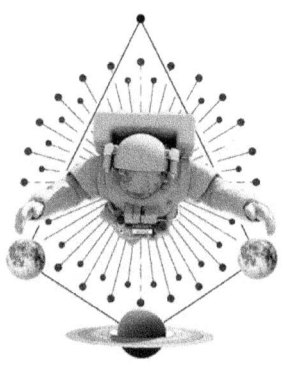

Agile UX é uma abordagem que combina os princípios da metodologia ágil com os conceitos e práticas de Experiência do Usuário (UX). Essa fusão permite que equipes de desenvolvimento de produtos e serviços possam criar experiências de usuário de forma mais colaborativa, iterativa e centrada no usuário.

A metodologia ágil é conhecida por sua ênfase na flexibilidade, adaptação e entrega contínua de valor ao cliente. Ela valoriza a interação frequente entre os membros da equipe e a capacidade de resposta às mudanças durante o processo de desenvolvimento. Por outro lado, a Experiência do Usuário (UX) busca entender as necessidades, expectativas e comportamentos dos usuários para projetar soluções que sejam úteis, usáveis e agradáveis.

No contexto do Agile UX, os princípios ágeis são aplicados para melhorar a forma como as equipes de UX trabalham. Em vez de realizar uma pesquisa extensiva e um planejamento detalhado no início do projeto, o Agile UX valoriza o aprendizado contínuo ao longo do processo. A equipe de UX trabalha em estreita colaboração com os desenvolvedores, analistas de negócio e outros membros da equipe ágil para garantir que as necessidades do usuário sejam atendidas de forma eficiente.

Uma das principais características do Agile UX é a prototipagem rápida e iterativa. Em vez de criar um design completo antes do desenvolvimento, a equipe de UX produz protótipos de baixa fidelidade que podem ser testados e refinados com feedback dos usuários. Isso permite que os problemas sejam identificados precocemente e soluções sejam iteradas com base em evidências reais.

Outro aspecto importante é a colaboração multidisciplinar. Os membros da equipe trabalham juntos em todas as etapas do projeto, compartilhando conhecimentos e tomando decisões conjuntas. Isso ajuda a evitar silos de informação e garante que a visão do usuário seja considerada em todas as decisões.

A abordagem Agile UX também enfatiza a entrega contínua de valor. Em vez de esperar até o final do projeto para lançar o produto final, as equipes Agile UX buscam entregar incrementos de valor ao usuário em intervalos curtos. Isso permite que o feedback do usuário seja incorporado rapidamente e que ajustes sejam feitos ao longo do processo de desenvolvimento.

Em resumo, o Agile UX combina os princípios ágeis com os conceitos de Experiência do Usuário para criar uma abordagem colaborativa, iterativa e centrada no usuário no desenvolvimento de produtos e serviços. Ao incorporar a prototipagem rápida, a colaboração multidisciplinar e a entrega contínua de valor, as equipes Agile UX têm maior probabilidade de criar experiências que atendam às necessidades dos usuários e tragam resultados efetivos.

Lean UX - Pensamento enxuto

Lean UX é uma abordagem que combina os princípios do pensamento enxuto (lean) com os conceitos e práticas de Experiência do Usuário (UX). Essa metodologia tem como objetivo principal eliminar desperdícios e maximizar o valor entregue ao usuário, de forma ágil e eficiente.

O pensamento enxuto, oriundo da indústria automobilística japonesa, busca reduzir todo tipo de desperdício em um processo, seja de tempo, recursos ou esforços desnecessários. No contexto do Lean UX, esse princípio é aplicado ao desenvolvimento de produtos e serviços, com o intuito de criar uma abordagem mais focada no usuário e orientada pelos resultados.

Ao contrário das abordagens tradicionais de UX, que envolvem pesquisas extensivas e documentação detalhada, o Lean UX valoriza a experimentação rápida e a aprendizagem contínua.

A ideia é testar hipóteses e validar soluções de forma iterativa, com base no feedback dos usuários e em dados reais.

Uma das principais características do Lean UX é a ênfase na colaboração multidisciplinar. As equipes são compostas por membros de diferentes áreas, como design, desenvolvimento, negócios e marketing, que trabalham juntos desde o início do projeto. Essa colaboração permite uma troca constante de ideias e conhecimentos, resultando em soluções mais integradas e alinhadas com as necessidades dos usuários.

Outro aspecto fundamental do Lean UX é a criação de MVPs (Minimum Viable Products) ou MLPs (Minimum Loveable Products). Essas versões simplificadas do produto são desenvolvidas rapidamente e lançadas no mercado para obter feedback e validação dos usuários. Com base nesses insights, a equipe pode iterar e aprimorar o produto de forma incremental, evitando o desperdício de recursos em funcionalidades desnecessárias.

A abordagem Lean UX também valoriza a visualização de ideias e conceitos. Ao invés de longos documentos ou especificações técnicas, são utilizados métodos visuais, como esboços, wireframes e storyboards, para comunicar e alinhar as ideias da equipe. Isso ajuda a reduzir a ambiguidade e agilizar o processo de desenvolvimento.

Além disso, o Lean UX promove a mentalidade de experimentação e aprendizado contínuos. Erros são vistos como oportunidades de aprendizado, e a equipe está sempre disposta a adaptar e ajustar as soluções com base nos insights obtidos. Isso permite uma evolução constante do produto, resultando em uma experiência de usuário mais refinada e alinhada com as necessidades do público-alvo.

Em suma, o Lean UX é uma abordagem ágil e orientada a resultados que busca eliminar desperdícios e maximizar o valor entregue ao usuário. Com sua ênfase na experimentação, colaboração multidisciplinar e aprendizado contínuo, o Lean UX oferece uma forma eficaz de criar produtos e serviços mais alinhados com as necessidades dos usuários, evitando o desperdício de recursos e esforços desnecessários.

Criando um MVP na prática

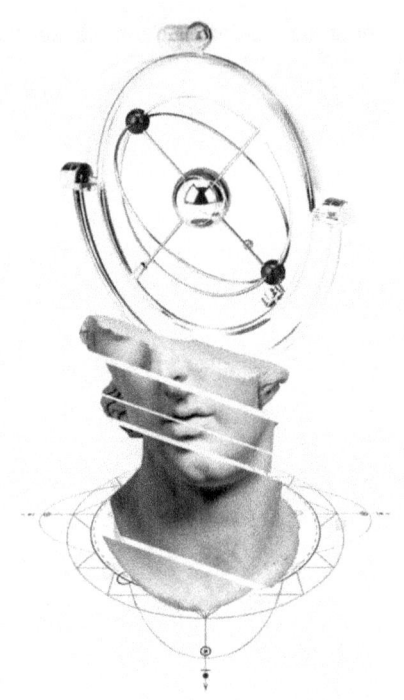

Criar um MVP (Minimum Viable Product) baseado na experiência do usuário utilizando texto e design envolve seguir algumas etapas importantes. Aqui estão algumas orientações para ajudar nesse processo:

Defina o objetivo: Comece definindo claramente qual é o objetivo do seu MVP. Identifique qual problema ou necessidade do usuário você deseja resolver e qual é o valor que o seu produto ou serviço irá entregar.

Identifique as funcionalidades essenciais: Determine quais são as funcionalidades principais do seu produto que são necessárias para atender ao objetivo estabelecido. Foque no mínimo necessário para validar a proposta de valor e evitar o desenvolvimento de recursos desnecessários.

Crie uma estrutura de texto: Desenvolva uma estrutura de texto clara e concisa que irá orientar a apresentação do seu MVP. Organize as informações de forma lógica, destacando os principais benefícios e características do produto. Utilize uma linguagem direta e envolvente para transmitir a proposta de valor aos usuários.

Projete a interface: Utilize o design para criar uma interface visual atraente e intuitiva. Considere a identidade visual da sua marca e crie um layout limpo e organizado. Priorize a usabilidade, tornando as ações dos usuários fáceis de entender e realizar. Lembre-se de que o design deve estar alinhado com a proposta de valor do produto.

Prototipe a experiência do usuário: Utilize ferramentas de prototipagem para simular a interação do usuário com o seu MVP. Isso permitirá que você teste e valide a usabilidade, a navegabilidade e a fluidez da experiência do usuário. Faça iterações no protótipo com base no feedback recebido, buscando sempre melhorar a interação e a compreensão do produto.

Realize testes de usabilidade: Convide usuários representativos para testar o seu MVP. Observe suas interações e colete feedback sobre a experiência. Analise as métricas e identifique pontos de melhoria. Esses testes ajudarão a validar as decisões de texto e design, além de identificar possíveis problemas ou oportunidades de aprimoramento.

Faça ajustes e iterações: Com base nos resultados dos testes de usabilidade, faça os ajustes necessários no texto e no design do seu MVP. Realize iterações para refinar a experiência do usuário, corrigir problemas e incorporar feedback relevante. Esse processo contínuo de melhoria é fundamental para criar um produto alinhado com as expectativas e necessidades dos usuários.

Lembre-se de que o objetivo do MVP é validar a proposta de valor e obter aprendizados por meio da interação com os usuários. Portanto, mantenha-se aberto a ajustes e adaptações ao longo do processo. A medida em que você coleta feedback e realiza iterações, estará cada vez mais próximo de criar uma experiência do usuário significativa e impactante.

Os Usuários querem transparência

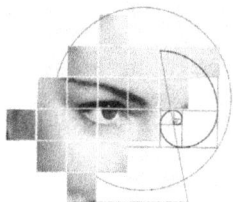

Os usuários valorizam a transparência. Não adianta utilizar letras pequenas com asteriscos no final da tela, esconder o preço, revelar o prazo de entrega somente no final da compra ou não deixar clara qual é a política de troca. É essencial que todas essas informações sejam apresentadas de forma clara e acessível. A transparência é fundamental para que o usuário se sinta seguro e confiante ao utilizar o seu produto.

Quando tudo é exposto de maneira transparente, o usuário tem uma compreensão clara das condições e das expectativas envolvidas. Isso gera confiança, pois ele sabe exatamente o que está adquirindo e quais são os compromissos assumidos. Além disso, a transparência contribui para um relacionamento saudável entre a empresa e o usuário, construindo uma base sólida de confiança e fidelidade.

Além disso, é importante evitar a solicitação de dados desnecessários dos usuários. Muitas vezes, ao se depararem com formulários extensos ou pedidos excessivos de informações pessoais, os usuários podem se sentir desconfortáveis e desconfiados. Portanto, se você puder simplificar e minimizar a quantidade de dados solicitados, será ainda mais favorável para a experiência do usuário.

No geral, ao proporcionar transparência e evitar a solicitação excessiva de dados, você demonstra respeito pelo usuário e valoriza a sua privacidade. Isso contribui para um ambiente mais acolhedor, no qual os usuários se sentem à vontade para explorar e utilizar o seu produto. A transparência é um fator-chave para conquistar a confiança do usuário e cultivar um relacionamento duradouro.

Botões amplos e óbvios

Você sabia que o dedo de uma pessoa tem, em média, 16-20mm? Essa informação é essencial ao considerar o tamanho dos elementos clicáveis no seu site ou aplicativo.

Quando projetamos interfaces digitais, é crucial garantir que os usuários possam interagir facilmente com os elementos através do toque. O tamanho dos locais de clique, também conhecidos como botões ou áreas interativas, desempenha um papel fundamental nesse aspecto.

Ao levar em conta o tamanho médio do dedo, é possível evitar que os usuários tenham dificuldade em acertar o alvo desejado. Se os locais de clique forem muito pequenos, os usuários podem acabar tocando em áreas adjacentes por engano, causando frustração e uma experiência negativa.

Por outro lado, ao aumentar o tamanho dos locais de clique, você proporciona uma interação mais precisa e confortável.

Isso significa que os usuários poderão selecionar os elementos desejados com maior facilidade e precisão, reduzindo a chance de erros e melhorando a usabilidade do seu site ou aplicativo.

Além do tamanho, também é importante considerar o espaçamento entre os locais de clique. É recomendável deixar um espaço adequado entre os elementos interativos para evitar toques acidentais e permitir que os usuários naveguem com facilidade.

Ao projetar sua interface, leve em consideração o tamanho médio do dedo dos usuários e aplique tamanhos adequados aos locais de clique. Dessa forma, você estará criando uma experiência mais amigável e intuitiva, tornando a interação com o seu site ou aplicativo mais agradável e eficiente para todos os usuários.

Conclusão

Ao longo deste material, exploramos diversos aspectos relacionados à experiência do usuário (UX) e sua importância na criação de produtos digitais.

Vimos que UX envolve a forma como os usuários interagem e percebem um produto, considerando fatores como usabilidade, satisfação e eficiência.

Discutimos os pilares fundamentais da usabilidade, que são aprendizagem, eficiência, memorabilidade, prevenção de erros e satisfação do usuário.

Esses elementos são essenciais para garantir uma experiência positiva e agradável aos usuários, resultando em maior engajamento e fidelidade.

Exploramos também conceitos como taxonomia e arquitetura da informação, que desempenham papéis importantes na organização e estruturação das informações em um produto.

A taxonomia auxilia na categorização e organização dos conteúdos, enquanto a arquitetura da informação define a forma como esses conteúdos são apresentados ao usuário.

Abordamos as heurísticas de Nielsen, um conjunto de princípios que auxiliam na identificação de problemas de usabilidade.

Essas heurísticas fornecem diretrizes importantes para a criação de produtos mais intuitivos e eficientes, levando em consideração aspectos como feedback, consistência e flexibilidade.

Falamos também sobre mindset de UX, que envolve a adoção de uma mentalidade centrada no usuário ao projetar e desenvolver um produto. Ter um mindset de UX significa colocar as necessidades e expectativas do usuário em primeiro plano, buscando constantemente melhorar a experiência oferecida.

Além disso, exploramos abordagens ágeis, como o Agile UX e o Lean UX, que promovem a colaboração, a iteração e a adaptação contínua durante o processo de desenvolvimento.

Essas metodologias ágeis permitem uma abordagem mais flexível e eficiente para a criação de produtos com base nas necessidades e feedback dos usuários.

Por fim, ressaltamos a importância do teste A/B e do MVP na experiência do usuário. O teste A/B permite comparar duas versões de um elemento ou funcionalidade para identificar qual oferece uma melhor experiência ao usuário. Já o MVP (Produto Mínimo Viável) permite lançar uma versão inicial do produto com o mínimo de funcionalidades necessárias, permitindo testar e validar hipóteses com base no feedback dos usuários.

Em resumo, a experiência do usuário é um fator crucial no desenvolvimento de produtos digitais bem-sucedidos. Levar em consideração os princípios de usabilidade, adotar uma mentalidade centrada no usuário, utilizar abordagens ágeis e realizar testes e interações constantes são práticas fundamentais para criar produtos que atendam às necessidades e expectativas dos usuários, proporcionando uma experiência positiva, eficiente e memorável.

Quem é Matheus Martins Soares?

Matheus é um Ex-Militar / Agente Presidencial, formado em Marketing desde 2018 e especialista em copywriting. Já escreveu para mais de 27 nichos diferentes, mostrando sua habilidade em se adaptar a diferentes temas e públicos. Ao longo de sua carreira, trabalhou em grandes empresas, como a maior revista de negócios do país e a maior assessoria de marketing do Brasil. Contribuiu para o sucesso de campanhas importantes, gerando + 30m em vendas para seus clientes. Publicou mais de 200 livros na Amazon e obteve leitores em mais de 12 países diferentes. Especialista em StoryTelling e UX Writing, também atua nos bastidores como GhostWriter, dando voz às ideias e histórias de outras pessoas. Seu método é capaz de escrever um livro em menos de 24 horas.

Com uma visão estratégica e conhecimentos em marketing, ajuda empresas, autores e projetos literários a alcançarem o sucesso. Se encontrou no mundo do marketing, da escrita e do comportamento humano.

www.ingramcontent.com/pod-product-compliance
Lightning Source LLC
Chambersburg PA
CBHW070107230526
45472CB00004B/1154